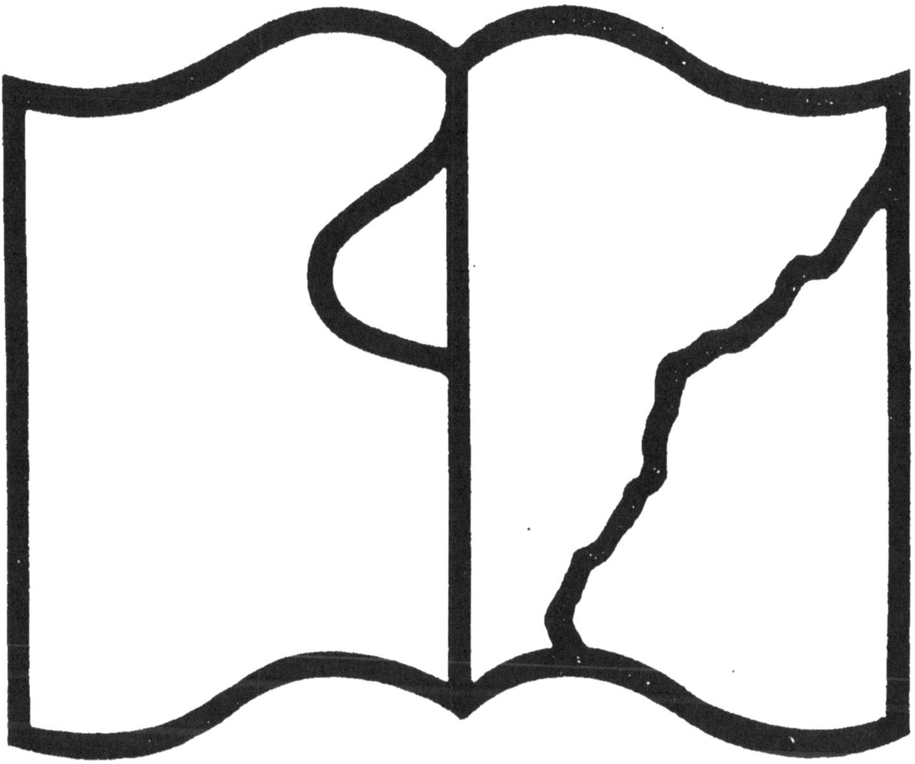

Texte détérioré — reliure défectueuse

**NF Z** 43-120-11

Philippe Deschamps

# A travers l'Italie !

Roma, Firenze, Milano, Genova, Torino, Venezia, Napoli, Pompeï
Portici, Palermo, Scylla, Reggio, Marsala, Cagliari
Capri, Caprera, Capoua, Maderno, Pavia, Pistoïa, Ravenna, Caserta
Bagnara, Parma, Verona, Bologna, Catana, Perugia, Livorno
Novara, Brescia, Trapani, Bari, Modena, Monza, Villafranca, Padova
La Spezzia, Bordighiera et San Remo

1903

## Italia Regina dell' Arte

ALPHONSE LEMERRE, Éditeur
Passage Choiseul, PARIS

# A TRAVERS L'ITALIE

### La Reine des Arts : La perle de l'Occident.

*Roma, Firenze, Milano, Genova, Torino, Venezia, Napoli, Pompéi,
Portici, Palermo, Scylla, Reggio, Marsala, Cagliari
Capri, Caprera, Capoua, Maderno, Pavia, Pistoïa, Ravenna, Caserta
Bagnara, Parma, Verona, Bologna, Catana, Perugia, Livorno,
Palestro, Magenta, Montebello, Solferino, Novara, Brescia, Trapani,
Bari, Modena, Monza, Villafranca, Padova, La Spezzia,
Bordighiera et San-Remo.*

Le quatrième voyage que je viens de faire à travers la « Bella Italia », m'a laissé un souvenir ineffaçable

L'Italie, mère du génie, patrie des arts divins, est l'éducatrice des belles âmes ; c'est dans la Rome antique que nos jeunes peintres vont s'élargir l'esprit, en l'imprégnant de beauté et d'idéal. On va dans la grande cité romaine contempler les chefs-d'œuvre de l'art et porter au génie latin l'hommage de la gratitude éternelle que lui doivent les générations françaises.

Les villes de Rome, Florence, Naples, Venise, Pavie, Bologne, Vérone, Gênes, Milan, Pise et Turin, évoquent les grands souvenirs d'autrefois, les chefs-d'œuvre que l'on y voit convient à l'admiration, à l'étonnement et à la méditation.

L'Italie est la terre patrimoniale du génie et de la peinture.

Après un court arrêt à Bordighiera, j'arrivai à Gênes la ville fondée par les Liguriens, elle fut au moyen-âge la capitale d'une république qui lutta honorablement contre la prépondérance commerciale de Venise. Elle fut bombardée par ordre de Louis XIV en 1684, devint en 1797 capitale de la République ligurienne et fut incorporée à l'Empire français en 1805. En 1880, Masséna y soutint un siège mémorable contre les Anglais et les Autrichiens.

Je vis à Gênes le pont sillonné de bateaux de toutes les puissances, j'y admirai la splendeur des palais, la richesse des églises. L'Annunziata avec sa décoration excentrique, la Chiesa-di-San-Lorenzo avec son enchevêtrement de styles que toutes les époques ont engendré autour des seize colonnes monolithes du onzième siècle. Dans la chapelle St-Jean, le ciseau de Matteo Civitali y a taillé dans le plus pur carare, des statues et des dentelles admirables. Le cimetière « Campo-Santo » (champ sacré) mérite une longue visite si l'on veut apprécier la richesse des monuments et des statues décorant cette imposante nécropole qui cependant n'est pas encore arrivée à renfermer autant de morts que le cimetière du Père Lachaise à Paris, qui en compte 1.200.000.

J'engage mes lecteurs que le hasard conduira en Italie à faire une excursion au lac de Garde. Ce coin délicieux mérite d'être visité. Le lac Majeur que renferme les îles Borromées, le lac de Lugano, dont une partie se trouve sur le territoire de l'Italie sont plus visités des touristes, mais ils n'offrent pas les mêmes charmes que celui de Garde.

De Désenzano, petite ville de la Lombardie, on se rend à Maderno, là le panorama est de toute beauté. Au milieu de ce fouillis de verdure, au-dessus des citronniers et des lauriers, qui tapissent les charmants penchants des collines et qui exhalent des arômes enivrants, se dressent les cimes blanches, gigantesques, du mont Baldo, du val Trompia et du val Sabbia. Maderno et Toscolano sont situés sur les dernières ondulations d'un promontoire autour duquel s'élèvent de gracieuses villas richement éclairées par le soleil du côté du lac et garanties au nord par les monts Maderno et Pizzicolo.

C'est dans ce site enchanteur que l'éminent Homme d'Etat Zanardelli, mort le 26 décembre 1903, venait chercher le calme et le repos. Le nom de celui qui consacra sa vie à la résurrection de son pays restera attaché à l'histoire de l'Italie. Celui qui n'est plus a dû éprouver une satisfaction intime à la pensée qu'il laissait sa patrie en pleine prospérité.

Si l'Italie occupe une des premières places parmi les Nations européennes, elle le doit aux Souverains circonspects et aux Hommes Illustres qui, depuis un demi-siècle ont présidé avec tant de sagacité à ses destinées.

Le lac de Garde est situé entre les provinces de Brescia et de Vérone ; c'est là que le Mincio prend sa source. Sur les rives de ce riant espace qui s'étend de Gargnano, par Maderno et Gardone Riviera, jusqu'à Salo, sur le promontoire formé par le terrain alluvional du Bornico, se trouve la magnifique villa de Joseph Zanardelli, l'ancien président du Conseil des Ministres.

C'est par une belle matinée que je fis cette délicieuse excursion. Le sourire de la nature qui souvent se réjouit des secrets tourments du cœur, en se parant de toutes ses beautés, se mêlait au concert des oiseaux qui gazouillaient sous les charmilles du quai d'embarquement.

Mon éminent confrère, M. A. d'Atri, qui fut l'intime ami du Grand Patriote Zanardelli, a écrit dans l'*Italie illustrée* :

*Sous un tiède rayon rougeâtre du soleil du matin, le lac se fronçait légèrement, comme un immense filet flottant de filigrane d'or, et l'onde caressait mollement le gracieux petit rivage qui répondait aux baisers humides par le salut des fleurs encore endormies qui s'entrouvraient. Là, les cimes, blanches de neige, des montagnes voisines, s'élançaient dans l'immense azur du Ciel.*

En effet, le panorama intraductible qui s'y déroule vous invite à la contemplation, c'est l'apothéose de la nature.

J'ai emporté du trop court séjour que j'ai fait dans ces parages un inoubliable souvenir. On est si bien au milieu de cette nature enchanteresse, dont les sites ensoleillés font oublier — pour un instant — le passé à ceux qui ont souffert.

Devant la ville du regretté disparu, se dresse un laurier, le plus beau et le plus majestueux du lac de Garde ; son tronc robuste est entouré d'un petit banc et le zéphir se joue constamment dans son feuillage et dans ses rameaux qui se prolongent au delà du mur du lac et reçoivent, quelquefois, les baisers des ondes les plus hardies. Autour de la villa s'étend un vaste jardin semblable à un parc, avec des palmiers et des citronniers. Entre les bosquets verdoyants, s'élèvent de blanches statues, dont l'une représente la *Quiétude*. Sur le piédestal sont gravés des vers de Catulle, le poète de l'amour, dont les poésies étaient élégantes et naïves. Catulle avait sa villa sur la rive méridionale du lac de Garde, dans la péninsule de Sirmione où il habitait volontiers, cherchant l'oubli des infidélités de Lesbie.

### Rome l'Illustre fondée il y a 2659 ans.

A Rome, la ville aux sept Collines, tout est grand, tout est beau. Le Colisée, ce magnifique amphithéâtre commencé sous Vespasien et achevé sous Titus, renfermait 80 rangs de gradins et pouvait contenir plus de 80.000 spectateurs ; c'est là qu'avaient lieu les combats de gladiateurs et que les martyrs chrétiens étaient livrés aux bêtes.

Le Forum dans son antique majesté est imposant, on sent que cette victorieuse poussière du temps et ces pierres éparses sur le sol furent de l'histoire.

On vient de retrouver dans les fouilles, l'*Ara Pacis*, dont une reproduction sera offerte par les Artistes Romains, au Président Loubet, en souvenir de sa visite dans la Ville Eternelle.

Les Catacombes situées hors des murs méritent être visitées. Elles n'étaient dans l'origine que des carrières abandonnées, celles de Rome, de Naples, de Syracuse et de Paris sont les plus grandes. Les catacombes de Rome sont devenues célèbres pour avoir servi de refuge aux chrétiens, à l'époque des persécutions ; mais il ne faudrait pas croire que les chrétiens s'y cachaient longtemps et en grand nombre, qu'ils y vivaient, en un mot, car le manque de ventilation aurait suffi pour les en empêcher. En réalité, elles fournissaient aux chrétiens un moyen, non pas précisément de dissimuler leurs sépultures, mais d'en détourner l'attention publique, et aussi de célébrer en secret les rites religieux des obsèques. Les peintures des catacombes sont très intéressantes au point de vue de l'histoire primitive du christianisme.

Le Capitole, temple et citadelle qui s'élevaient sur le mont Capitolin ou Tarpéien, l'une des 7 collines de Rome, et où l'on couronnait les triomphateurs. Près de là se trouvait la roche Tarpéienne, du haut de laquelle on précipitait les criminels coupables de trahison. De là est venue cette locution : « La roche Tarpéienne est près du Capitole, » pour exprimer que la chute suit souvent le triomphe et que l'ignominie touche de près à la gloire.

Des oies, qui se trouvaient par hasard dans la forteresse investie par les Gaulois, réveillèrent par leurs cris les assiégés sans défiance et leur permirent de repousser un assaut nocturne. L'existence de Rome, la Ville Eternelle, tint un jour à l'instinct de ces oies qui furent consacrées aux Dieux et conservées dans le Capitole.

Le château Saint-Ange est une citadelle. Cet ancien mausolée de l'Empereur Adrien — fils adoptif de l'Empereur Trajan — servit de refuge aux Papes et devint prison d'Etat.

L'incomparable et majestueuse basilique Saint-Pierre, par ses données gigantesques, impressionne ceux qui viennent se recueillir sous ses voûtes silencieuses.

L'immense Palais du Vatican est tout un monde ! six mille chambres sont destinées à loger les membres du clergé. Le palais des Princes de l'Eglise renferme des collections d'une valeur inappréciable, des statues, des fresques, des tableaux, des objets d'art et des merveilles de toutes sortes. La bibliothèque est d'une grande richesse. C'est dans la résidence des papes que se trouvent la chapelle Sixtine, les Loges et les Chambres de Raphaël ; on y admire aussi des œuvres du Pérugin, du Bramante et du Bernin.

Cette admirable chapelle fut construite sous l'ordre de Sixte IV. Le Pape qui est le chef de l'Eglise a sous sa dépendance 190 millions de chrétiens sur les 393 millions qui existent dans l'Univers.

L'Eglise Saint-Paul (hors des murs), avec ses colonnes gigantesques, ses autels en malachite enrichis de pierres précieuses enchâssées avec symétrie, confond l'imagination. On se sent tout ému devant la splendeur intraduisible de cette incomparable basilique.

Le Panthéon renferme les restes des Rois Victor-Emmanuel II, et de son fils, Humbert Ier. Quels souvenirs on emporte de cette belle cité dont les poètes ont chanté la gloire et dont les artistes ont reproduit la splendeur.

### Venise la Reine de l'Adriatique.

Venise est le diadème de l'Italie, c'est la ville qui dit que l'Italie a pour cadre la poésie et l'art.

N'est-ce pas là que sont écloses de poétiques légendes dans le berceau même de l'histoire.

Venise, la Cité des Doges, est fière de son passé, de son histoire et de ses palais de marbre dont la place Saint-Marc avec son campanile, hélas ! effondré, terminait si bien ce merveilleux décor. Venise, dont les gondoles sont faites pour bercer les douleurs et aussi les amours donne à l'étranger une impression profonde.

Rien de plus troublant qu'une promenade en gondole, où l'œil perçoit les palais de style byzantin qui sont autant de souvenirs de l'ancienne splendeur de la reine de l'Adriatique. Des cris aigus poussés par les gondolieri s'avertissant réciproquement aux angles des canaux, troublent seuls et d'une façon sinistre, le silence qui règne sur la ville.

Les promenades en gondole sont un des charmes de la vie paisible de Venise, que de fois je me suis laissé aller à ces délicieuses excursions, où l'on s'abandonne si facilement au *dolce farniente*. On est si bien pour rêver au fond d'un camérino bercé par la lagune, à demi-couché sur de moelleux coussins, on y voit se succéder à travers les rideaux de soie blanche, les anciennes demeures des Doges, le pont des Soupirs, qui fut autrefois témoin de drames sanglants ; l'oreille écoute le clapotement de l'eau et compte les coups rythmés de la rame du gondolieri. Quelquefois, le soir surtout, une mélodie, les accents d'une voix humaine ou les accords d'une guitare, arrivent jusqu'à vous et communiquent à votre corps alangui, à vos nerfs détendus, une voluptueuse paresse qui n'est pas le sommeil, mais qui tient du rêve. Dans cet état, l'esprit s'éloigne et se désintéresse des préoccupations terrestres et des laideurs de la vie.

Le séjour à Venise, fait de méditation et de contemplation, se termine par une excursion aux îles Lodo et Como.

Il faut aussi visiter à Venise les fabriques de dentelles, de verreries, de meubles artistiques aux frises ornementales, reproductions fidèles des merveilles de la Renaissance italienne. Les magasins sont de vrais musées, où les admirateurs du beau constatent les progrès dans cette recherche constante de l'alliance de l'art avec l'industrie.

### Florence, l'Athènes de l'Italie.

Florence est le foyer lumineux des Arts, la source du Beau, le triomphe du génie italien. Florence est le rendez-vous des artistes peintres qui viennent y développer leur talent, en s'inspirant des chefs-d'œuvre légués par les grands Maîtres de l'Ecole Italienne.

Tous les ans, j'ai plaisir à examiner aux salons les différentes œuvres exposées par les peintres italiens qui habitent Paris. Ces peintres, ces statuaires, ces sculpteurs, jeunes pour la plupart, nous apportent la clarté latine, et Paris leur accorde la gloire qu'il ne refuse jamais aux amoureux de la beauté. L'étoile du génie brillera toujours au front de l'Italie qui fut l'éducatrice de la France et la mère de notre civilisation.

C'est dans les galeries Uffizi — dont le Directeur est l'éminent professeur Corrado Ricci — que j'ai eu le plaisir de faire la connaissance du célèbre miniaturiste, Mauro-Mari. Le peintre exquis travaillait à la reproduction d'une miniature antique, les nuances se fondaient dans un ensemble parfait, les lignes étaient pures, la netteté irréprochable, le charme de son pinceau faisait briller la suavité des coloris.

Quoique jeune, M. Mauro-Mari a déjà atteint la célébrité, c'est un des Maîtres du portrait. A côté de son chevalet était placé un tableau représentant une tête de jeune fille le front encadré par une abondante chevelure, sa physionomie révélait l'éclat de sa beauté, cette tête de Madone qui poétisait le charme de la grâce féminine était aussi remarquable que celle de la Fornarina qui servit de modèle à Raphaël, ou de la belle romaine Françoise de Rimini immortalisée par le célèbre poète Dante.

Les cimetières de Florence, de Pise, de Gênes, de Rome, de Milan, sont de véritables Musées. C'est là que l'on peut se rendre compte de ce qui différencie les nécropoles de France avec celles de l'Italie. En France on fait des cimetières un lieu de détresse où tout clame la désespérance, le deuil, la tristesse. En Italie on s'ingénie à faire du cimetière un asile verdoyant, orné de statues et toujours agréable à visiter.

L'idée du néant ne vous y obsède pas comme chez nous. La mort vous apparaît sous une forme attendrie, mélancolique et mondaine. On ne se croirait pas dans un séjour de morts quand on parcourt l'artistique nécropole de Milan, où la blancheur des marbres et des urnes funéraires se détache sur l'azur d'un ciel radieux, et tend plus à charmer les yeux qu'à frapper l'esprit.

Le Santa-Croce de Florence est le Panthéon des gloires Nationales de l'Italie.

Milan la Belle fut fondée en l'an 614 avant Jésus-Christ, par Bellovèse, chef gaulois, neveu d'Ambigat qui était roi des Bituriges.

A peine arrivé dans la capitale de la Lombardie, on se dirige vers la Cathédrale réputée dans le monde entier. On va dans la patrie de Ferrari, de Beccaria, de Manzoni, des papes Pie IV et Grégoire XIV, pour voir le Dôme qui n'est ni gothique, ni romain, ni byzantin ; il s'inspire de tous les styles, la façade est mi-gothique et mi-romaine ; mais l'ensemble de la superbe basilique a un cachet particulier qui déroute toutes les conceptions classiques de l'architecture du moyen-âge.

Le Dôme de Milan est certainement un des bijoux de l'art chrétien. C'est, après Saint-Pierre de Rome, la plus grande église d'Europe.

On éprouve une impression indéfinissable à la vue de cette forêt de colonnes et de cette profusion d'aiguilles ou de pilastres qui semblent entourer la cathédrale d'une auréole de dentelle de marbre. L'intérieur du Dôme répond à la beauté imposante de l'extérieur. Cinq nefs, d'une hauteur moyenne de 60 mètres, vous donnent une idée de l'immensité de cette cathédrale, dont le vaisseau est soutenu par

52 énormes colonnes octogones en marbre blanc. On connaît de réputation le célèbre tombeau de saint Charles Borromée, les deux chaires en bronze doré et les fenêtres de l'abside. Ces fenêtres sont formées par des verrières reproduisant des scènes bibliques et présentent un spécimen de toutes les écoles de peinture depuis Raphaël jusqu'à Schopin. Ce qui donne au Dôme son cachet italien, c'est tout d'abord le laisser aller des fidèles, ensuite la loge du cardinal archevêque. La Cathédrale de Milan n'a rien de comparable dans le Monde.

Pendant le long séjour que j'ai fait au pays où fleurit l'oranger, j'ai constaté avec joie, qu'à Rome, Florence, Milan, Naples, Venise, Turin, Bologne, Pise, Gênes et Vérone, la France était aimée.

J'ai visité toutes les villes, parcouru les villages historiques tels que : *Capresse*, où naquit Michel-Ange. *Urbino*, qui donna le jour à Raphaël. *Pesaro*, patrie de Rossini. *Pizzo*, où le général Murat — beau-frère de Napoléon Ier — fut fusillé en 1815, après avoir été Roi de Naples de 1808 à 1814. *Pignerol* renommé par sa forteresse où furent enfermés le Duc de Lauzun et l'homme au masque de fer. Foucquet, l'intendant des finances, y mourut après 19 ans de captivité. *Pistoïa*, célèbre par son couvent, Catilina, patricien romain, y fut tué. *Verceil* où le général romain, oncle de Jules César, battit les Cimbres l'an 101. *Allia*, où les Romains furent battus par les Gaulois en l'an 390 avant Jésus-Christ. *Vérone*, qui était sous la domination autrichienne, a été annexée à l'Italie. *Fornovo* où Charles VII battit les Italiens en 1495. *Pise*, nom universellement connu à cause de sa tour penchée, la patrie de Galilée, est une des plus belles villes de l'Italie par le nombre et la magnificence de ses monuments. *Gaête*, où se réfugia, en 1848, le pape Pie IX. *Arezzo*, patrie de Mécène, Pétrarque, Vassari, Gui-d'Arezzo, l'Arétin, Concini, Césalpin et du pape Jules II. *Monza*, résidence Royale, la Couronne de fer des Rois d'Italie est placée dans la Cathédrale. Le Roi Humbert Ier y fut assassiné par Bresci, le 30 juillet 1900. *Bari*, jolie petite ville où sont conservées les reliques de saint Nicolas, qui est vénéré en Russie.

*Montenotte*, où Napoléon Ier battit les Autrichiens en 1796. *Mon-*

*dovi*, où Napoléon I$^{er}$ vainquit les Piémontais le 21 avril 1796. *Ravenne*, où les Français remportèrent une victoire sur l'armée hispano-papale. Gaston de Foix, Duc de Nemours, y fut tué en 1512. *Novi*, où le général Joubert fut tué en 1799, à la bataille livrée par les Français à l'armée austro-russe. *Lorette*, près d'Ancône, où ont lieu les célèbres pèlerinages. *Pontecorvo*, le maréchal Bernadotte y fut nommé Prince par Napoléon I$^{er}$. *Arcole*, où Napoléon I$^{er}$ battit les Autrichiens le 17 novembre 1796. *Lodi*, où Napoléon I$^{er}$ remporta une victoire sur les Autrichiens en 1796. *Rivoli*, où Napoléon I$^{er}$ vainquit les Autrichiens en 1797, le maréchal Masséna y fut nommé Duc de Rivoli pour sa belle conduite devant l'ennemi. *Trévise*, le titre de Duc de Trévise fut donné au général Mortier qui mourut en 1835, victime de la machine infernale de Fieschi. *Mortara* dans la Lombardie, où les Piémontais furent battus par les Autrichiens en 1849. *Castiglione*, où Napoléon I$^{er}$ battit les Autrichiens en 1796. Cette victoire valut au maréchal Augereau, mort en 1816, le titre de Duc de Castiglione. *Mantoue*, place de guerre prise par Napoléon I$^{er}$ en 1797. *Bassano*, où Napoléon I$^{er}$ vainquit les Autrichiens en 1797, patrie du peintre Bassan. *Tagliamento*, où Napoléon I$^{er}$ fut victorieux en 1797 et en 1805. *Millesimo*, où Napoléon I$^{er}$ battit les Autrichiens en 1796. *Dego*, où Napoléon I$^{er}$ remporta une victoire sur les Autrichiens en 1796. *Rovigo*, le général Savary fut nommé Duc de Rovigo. *Castelfidardo*, où le général Lamoricière commandant les troupes papales fut battu par le général Cialdini. *Bellune*, le maréchal Masséna y vainquit les Autrichiens le 13 mars 1797. *Brescia*, ville prise par les Français en 1509 et en 1512 ; c'est à ce dernier siège que Bayard fut blessé. Les Autrichiens y furent battus en 1799 par le général Lecourbe, et en 1813 par le Prince Eugène. *Pavie*, l'ancienne capitale de la Lombardie, où François I$^{er}$ fut battu et fait prisonnier par les Espagnols le 24 février 1525. Il écrivit à sa mère ce laconisme sublime : « *Madame, tout est perdu fors l'honneur* ».

*Bénévent*, près Naples, où Pyrrhus fut vaincu par les Romains, et Mainfroi, roi des Deux-Siciles, par Charles d'Anjou en 1266. *Mentana*, près Rome, où le général Garibaldi fut défait par les troupes pontificales et françaises le 3 novembre 1867. *Heraclée,* où Pyrrhus vainquit les Romains, 280 ans avant Jésus-Christ. *Ascoli,* ancienne Asculum, où Pyrrhus battit les Romains. *Veseris,* près le Vésuve, où Decius-Mus et Manlius-Torquatus vainquirent les Latins. *Bédriac,* près de Crémone, où Vitelius vainquit Othon en l'an 69. *Nola,* où Marcellus vainquit Annibal, l'empereur Auguste y mourut. *Trasimène,* ancienne ville où Annibal vainquit Flaminius. *La Marsaille,* dans le Piémont, où Catinat vainquit le Duc de Savoie en 1693. *Adda,* rivière, où Napoléon I$^{er}$ gagna plusieurs glorieux combats sur les Autrichiens. *Gênes* fut incorporée en 1805 à l'empire Français, le Maréchal Masséna y soutint un siège mémorable contre les Anglais et les Autrichiens. *Villafranca,* où eut lieu l'entrevue de Napoléon III et de l'Empereur d'Autriche en 1859. *Pavie,* où se trouve le monastère des Chartreux ; François I$^{er}$ y fut battu et fait prisonnier par les Espagnols le 24 février 1525. *Padoue,* patrie de Tite-Live et de Mantegna. *Staffarde,* où Catinat battit le Duc de Savoie en 1690. *Crémone,* où le maréchal Villeroi fut fait prisonnier par le Prince Eugène. *Campo-Formio,* dans la Vénétie, où fut conclue entre la France et l'Autriche la paix qui confirmait à la France la possession de la Belgique en 1797. *Custozza,* près de Vérone, où les Autrichiens battirent les Piémontais en 1848, et les Italiens en 1866. *Régille,* où le dictateur Posthumius vainquit les Latins en 449 avant Jésus-Christ.

*Turbigo,* où les soldats français battirent les Autrichiens en 1859. *Marignan,* où les Français remportèrent une victoire sur les Autrichiens en 1859. *Marengo,* village célèbre par la victoire des Français sur les Autrichiens le 14 juin 1800. *Palestro,* victoire des Français et des Piémontais sur les Autrichiens le 31 mai 1859. *Solférino,* victoire des Français sur les Autrichiens en 1859. *Magenta,* victoire des Français sur les Autrichiens le 4 juin 1859.

Napoléon I$^{er}$, après sa campagne d'Italie, voulut récompenser les services rendus par les généraux et les soldats qui s'étaient fait remarquer par des éclats héroïques au cours des batailles de Montenotte,

Mondovi, Lodi, Novi, Pontecorvo, Arcole, Rivoli, Trévise, Castiglione, Mantoue, Bassano, Tagliamento, Millesimo, Dego, Gênes et Gaète.

La croix d'honneur fut la récompense de ceux cités à l'ordre du jour. A cette époque la croix ne brillait que sur la poitrine des braves, elle ne récompensait que les actions d'éclat, les actes d'héroïsme ou du devoir fidèlement accompli, elle était aussi le privilège de la science et de la vaillance. Ce fut un grand spectacle historique que celui des vainqueurs d'Arcole, de Lodi et de Rivoli venant recevoir — des mains de Napoléon I$^{er}$ — sous les plis du drapeau tricolore, aux acclamations de la Nation, les croix trempées dans le sang le plus pur, le plus généreux, et prêtant serment de vaincre ou de mourir pour un insigne qui représentait la Patrie. Ce fut aussi un grand exemple que celui des soldats qui avaient fait la France puissante non seulement par les armes, mais encore par les lois et par le droit, se proclamant tous fiers de porter le même ruban. Tout, dans ces âmes pures, reflétait l'image de la Patrie.

La Patrie, c'est l'ensemble des gloires héréditaires qui, à travers les plus violentes secousses de son histoire, ont sauvé la France. La Patrie, c'est aussi l'armée gardienne des frontières et des foyers.

Après avoir revu les villes d'Italie, je voulus connaître la Sardaigne. Cagliari, la ville principale de l'île, est typique, les indigènes avec leurs costumes multicolores sont originaux. Toutes les îles italiennes sont curieuses à visiter. Caprera, où résida le général Garibaldi, né à Nice en 1807, et qui mourut à Caprera en 1882. C'est dans l'île de Capri que Tibère passa ses dernières années. Cette île pittoresque située dans le golfe de Naples est un lieu de délices.

Un voyage dans la Calabre — qui est située dans la botte de l'Italie — n'est pas dénué d'intérêt. En 1783, la Calabre fut épouvée par un tremblement de terre qui détruisit 300 villes et villages, 40.000 personnes périrent. Les villages de Charybde et Scylla étaient redoutés des anciens à cause des écueils qui existent dans le détroit de Messine.

De là, je traversai le détroit pour venir à Palerme capitale de la Sicile, annexée à l'Italie en 1860. C'est à Palerme que commença le massacre des Vêpres Siciliennes. En 1282, au moment où les cloches annonçaient le commencement des Vêpres, tous les catholiques furent mis à mort.

La Sicile a subi des désastres volcaniques. En 1693, une éruption volcanique de l'Etna — haut de 3.313 mètres — détruisit 54 villes, 300 villages et fit périr 100.000 personnes, Catane, petit port de la Sicile, a été plusieurs fois dévasté par les éruptions de l'Etna, patrie du célèbre peintre Bellini. Girgenti, l'Agrigente des Anciens, Marsala, joli petit port de Sicile où Garibaldi battit les Napolitains en 1860.

Après avoir vu Messine, patrie de Dicéarque et d'Evhemère, je m'embarquai pour Naples.

Naples, bordé par le golfe formé par la mer Tyrrhénienne, est la patrie de Stace, Velleius Paterculus, Giordano, Vico, Samazar, Salvator Rosa et de Caraccioli. La ville s'est transformée, de grandes voies se sont ouvertes, des tramways sillonnent la ville en tous sens, la Naples moderne fait oublier les laideurs de l'ancienne.

### Une visite au Musée National.

Un des plus intéressants Musées à visiter en Italie est celui de Naples, surtout quand on a comme moi la bonne fortune d'y avoir trouvé comme cicérone le sympathique secrétaire du Musée, M. Luigi-Conforti, qui s'était mis gracieusement à ma disposition.

C'est depuis que la direction en a été confiée à l'illustre professeur *M. Pais*, que le Musée National de Naples est entré dans une ère nouvelle. Rien n'a arrêté le zèle persévérant de *M. Pais*, qui, avec un dévouement inlassable, s'est voué à la réorganisation nécessaire de cet immense Musée qui n'était avant son arrivée qu'un véritable capharnaüm.

Entouré de collaborateurs précieux, l'honorable Directeur s'est mis résolument à l'œuvre, et grâce à ses connaissances artistiques approfondies, à sa science consommée et aussi au bon goût qui le caractérisent, la transformation du Musée National s'est opérée à la grande satisfaction non seulement des Napolitains, mais aussi des visiteurs étrangers qui apprécient les améliorations apportées dans la nouvelle organisation qui ont mises à néant les routines d'antan. Que M. *Pais*, l'illustre historien, soit fier de son œuvre, ses admirateurs lui font escorte, son nom restera attaché au Musée, et ceux de ses dévoués collaborateurs, que je tiens à citer ici, ne seront pas oubliés, car tous ont droit à la reconnaissance publique.

M. Adolphe Cozza architecte, M. Vittorio Cremona, M. Adolphe Vinturi, le professeur Salvatore Ciaceri et M. Luigi Conforti secrétaire, ont participé aux recherches historiques.

Ma promenade à travers les nombreuses salles m'a vivement intéressé. Comment ne pas rester en contemplation et en méditation devant ce monde de statues qui fait le plus bel ornement de ce palais. Il y a là toute une page d'histoire qui s'évoque à la vue des antiquités de toutes sortes qui y sont accumulées. Tout y est grand, tout y est beau. M. Luigi-Conforti, avec la courtoisie qui le distingue, m'a fait les honneurs du Musée National, grâce à lui, j'ai pu admirer tout à mon aise les principaux chefs-d'œuvres de sculpture provenant de la Rome antique tels que : *La Flore, l'Uranie, le génie de Rome, Philippe le Macédonien, les statues de Balbi le célèbre géographe, et celles des Consuls et des Prêtresses* placées dans les trois nefs. On a mis sur l'escalier le magnifique Jupiter qui était autrefois à Ste Lucie. Ces chefs-d'œuvres donnent maintenant à l'atrium un aspect imposant qui impressionne.

M. *Pais* a eu l'heureuse idée d'exposer dans le vestibule des Empereurs, les statues en bronze du Théâtre d'Herculanum et le cheval de la Quadrigue. Le vestibule des chefs-d'œuvres est orné des bustes des philosophes et des poètes italiens.

Dans une salle spéciale, on a placé les œuvres érotiques provenant de Pompéï et d'Herculanum, j'y ai remarqué parmi les peintures murales des sujets bien extraordinaires.

L'Antiquarium renferme les émaux, les camées, les verroteries, les objets en or et en argent, les armes, les manuscrits en papyrus, l'incomparable collection de vases ainsi que la richissime collection de monnaies dont la valeur ne peut être évaluée.

La chronologie de la peinture y est faite d'une manière curieuse jusqu'en 1700. Les tapisseries du Duc de Vaste représentant la bataille de Pavie du 24 février 1825, où le Roi François I*er* fut battu et fait prisonnier par les Espagnols, occupent deux grandes salles.

Il serait trop long d'énumérer ici toutes les précieuses et artistiques collections réunies dans le Musée National, je ne fais que citer les choses les plus remarquables.

J'ai visité les Musées d'Europe, celui de Dresde, qui vient après le Louvre, m'a impressionné, celui d'Anvers émerveillé, celui de Madrid extasié et celui de Berlin froissé.

Ceux qui possèdent la culture artistique et qui sont admirateurs des arts, trouveront dans le Musée de Naples de quoi satisfaire leurs goûts, leur esprit se parfumera de la poésie du Beau, et ils reconnaîtront une fois de plus que l'étoile du génie brillera toujours au front de la Patrie des Arts divins.

A la grotte de Pausilippe (tombeau de Virgile), longue de 700 mètres, c'est l'inattendu ; la variété des sites, la profondeur des perspectives, le frais éclat de la végétation et un calme qui rend rêveurs les esprits les mieux disposés.

Puis, ce sont les délicieuses promenades ombragées situées au bord de cette mer bleue aux rives musicales d'où l'œil perçoit à l'horizon l'île de Caprera noyée dans un fouillis de verdure, devenue célèbre par la résistance qu'y fit le général Garibaldi : Sur la gauche, le Vésuve lançant son panache de fumée qui obscurcit la voûte azurée de ce ciel incomparable doré par un soleil éternel. Cet horizon plein d'enchantement est des plus poétiques.

Le Prince Murat, beau-frère de Napoléon I*er*, fut Roi de Naples de 1808 à 1814.

Ischia, petite île située à l'entrée du golfe de Naples, offre aux touristes un charme infini. C'est en 1883, qu'Ischia fut détruite par un tremblement de terre. Pompéi, ville ancienne de Campanie, était située au pied du Vésuve qui a 1.200 mètres de hauteur. Les villages modernes sont : Torre dell, Annunziata et Scafati. Lors de l'éruption de 79, Pompéi fut ensevelie sous des couches superposées de cendres et de laves. En 1689, on aperçut au-dessus du sol quelques traces de la vieille cité, et en 1748 on commença des fouilles qui se sont continuées jusqu'à ce jour. On a déblayé les deux cinquièmes de la ville, qui était entourée d'une enceinte fortifiée flanquée de tours ayant 2.600 mètres de superficie. Ce déblayement a fourni aux archéologues une foule de renseignements sur la construction des maisons romaines et sur les mœurs privées des anciens. Les peintures murales de Pompéi sont très remarquables.

Herculanum subit le même sort. Ces deux villes évoquent de tristes souvenirs, on se sent pris de terreur devant ces ruines imposantes à la pensée que 100.000 personnes y furent englouties carbonisées par la lave brûlante descendue du Vésuve.

Les objets les plus curieux recueillis dans les ruines, ont été transportés au Musée National de Naples.

Le très pittoresque village de Portici qui a inspiré Scribe pour son opéra et chanté par Germain Delavigne, a été construit sur l'emplacement d'Herculanum. Stabies, ville de l'Ancienne Campanie, voisine de Pompéi, a été également détruite en l'an 79, par une éruption du Vésuve.

J'ai revu toutes ces belles villes d'Italie avec un plaisir extrême, aucune n'a échappé à mes investigations, pas même la République minuscule de San-Marino que l'on considère à tort comme la plus petite des Républiques du monde.

Si les principautés de Monaco, de Liechtenstein et les Républiques d'Andorre et de Saint-Marin sont célèbres pour leur petitesse, il y a un Etat encore bien plus petit en Europe, que les géographes seuls connaissent. C'est la République de Tavolara, qui est établie sur la côte nord-est de la Sardaigne, sur l'île rocheuse de Terranova. Elle compte en tout 170 habitants.

Dans mes pérégrinations à travers la patrie des Arts, j'ai été enchanté de l'accueil bienveillant qui m'a été fait. J'ai trouvé partout l'hospitalité la plus large, et si j'ai réussi dans ma mission à vulgariser au delà des Alpes les sympathies françaises chez nos frères et amis, je m'en félicite.

Hélas ! je n'ai plus rencontré dans les rues de Milan, les belles Signorina d'autrefois qui portaient si gracieusement sur la tête la mantille noire. En 1874, lorsque pour la première fois, je vins dans la capitale de la Lombardie, je fus frappé par la beauté des Milanaises. A cette époque ces jeunes filles qui avaient des yeux de turquoises, des lèvres de carmin, un teint de lis, des dents de perle, une taille de guêpe, des épaules d'albâtre et des cheveux d'ébène, étaient réputées comme les plus jolies femmes de l'Italie. La Fornarina qui inspirait Raphaël, était Milanaise.

San-Remo, c'est le paradis terrestre qui rappelle l'Ile de Ceylan. Cet eden enchanteur favorisé d'un climat tempéré, est un des beaux sites de l'Italie ; le bleu de la mer se confond avec celui du ciel. On y voit de tous côtés des orangers en fleurs, des citronniers, des palmiers centenaires, des grenadiers épanouis, des eucalyptus géants, toute la flore de l'Afrique transportée sur cette merveilleuse côte d'azur avec sa mer d'émeraude que complètent avec tant de grâce et de pittoresque Monte-Carlo, Monaco, Nice, Cannes et Hyères.

LAVAL — IMPRIMERIE L. BARNÉOUD & Cⁱᵉ.

## NOMENCLATURE DES OUVRAGES PUBLIÉS

### Par PHILIPPE DESCHAMPS

| | |
|---|---|
| 1. A travers les États-Unis et le Canada . . . . . . . . | 3 fr. 50 |
| 2. De St-Pétersbourg a Constantinople. . . . . . . . | 3 fr. 50 |
| 3. Le touriste en Égypte et en Syrie. . . . . . . . | 3 fr 50 |
| 4. De Paris au Soleil de Minuit ! . . . . . . . | 3 fr. 50 |
| 5. Catalogue des Collections Franco-Russes, offertes aux Musées de France et de Russie, par Philippe Deschamps. 38.652 pièces . | 10 fr. » |
| 6. Le Livre d'Or de l'Alliance Franco-Russe, dédié à l'Empereur de Russie. Édition de luxe illustrée de 20 gravures . . . | 25 fr. » |
| 7. 20.000 lieux a travers le Monde, édition in-quarto raisin, illustrée de 175 gravures . . . . . . | 10 fr. » |
| 8. L'exploitation du mariage (édition épuisée) . . . . | 3 fr. 50 |
| 9. Gloire aux Vaincus (édition épuisée) . . . . . | 2 fr. » |
| 10. La mort d'un Héros, dédié à Mlle de Villebois-Mareuil . . | 4 fr. » |
| 11. La Reine Wilhelmine de Hollande . . . . . | 5 fr. » |
| 12. La Russie d'Aujourd'hui . . . . . . . . | 1 fr. » |
| 13. L'Univers, format grand jésus, 650 pages de texte. Ouvrage documenté dédié à la Jeunesse des Écoles de France et de Russie | 25 fr. » |
| 14. La reine Victoria et le roi Édouard VII . . . . | 5 fr. » |
| 15. Les Finances d'autrefois et celles d'aujourd'hui . . . . | 3 fr. 50 |
| 16. Le Livre d'Or du Transvaal, édition de luxe illustrée, 750 pages de texte (dédié au Président Krüger) . . . . | 60 fr. » |
| 17. A travers les pays encore annexés ! . . . . | 3 fr. 50 |
| 18. La Richesse de la France . . . . . . . | 3 fr. 50 |
| 19. La Consécration de l'Alliance Franco-Russe, édition de luxe, format grand jésus, illustrée de 40 gravures sur papier Japon (dédié à S. M. l'Empereur Nicolas II) . . . . | 100 fr. » |
| 20. Catalogue illustré du Musée Carnot, fondé à Fontainebleau par Philippe Deschamps (6.000 pièces) . . . . | 5 fr. » |
| 21. Le Roi Christian IX de Danemark . . . . . | 3 fr. 50 |
| 22. L'Alsace-Lorraine, Française quand même ! . . . | 3 fr. 50 |
| 23. Le Président de la République Française en Russie (1902) | 25 fr. » |
| 24. Deuil national ! Les Antilles. . . . . . . | 3 fr. 50 |
| 25. Le Roi Bien-Aimé Alphonse XIII . . . . . . | 3 fr. 50 |
| 26. Le Prince Nicolas de Monténégro . . . . . | 2 fr. » |
| 27. Au pays des Braves . . . . . . . . | 3 fr. 50 |
| 28. La Russie au 20e siècle : dédié au Prince Ourousoff, ambassadeur de Russie à Paris . . . . . . | 3 fr. 50 |
| 29. Le plus grand crime de l'Univers ! Transvaal et Orange . | 3 fr 50 |
| 30. Catalogue des collections antiques et modernes offertes par Philippe Deschamps, au Musée Municipal de Mantes. 4667 pièces | 3 fr. 50 |
| 31. Nos Édiles en Russie . . . . . . . | 3 fr. 50 |
| 32. L'Œuvre de la Ligue Franco-Italienne, dédié au général Türr | 1 fr. » |
| 33. A travers l'Italie . . . . . . . . | 1 fr. » |
| 35. Les Souverains Italiens en France . . . . . | 5 fr. » |
| 34. Le Royaume de Serbie . . . . . . . . | 1 fr. » |
| 35. Un Ami de la France . . . . . . . | 1 fr. » |
| 36. L'Amitié Franco-Italienne . . . . . . . | 5 fr. » |

Contraste insuffisant

**NF Z** 43-120-14

www.ingramcontent.com/pod-product-compliance
Lightning Source LLC
Chambersburg PA
CBHW071418060426
42450CB00009BA/1935